Comité de Colonisation
D'ALGER

MADAGASCAR

ET LA

COLONISATION

PAR

M. Ch. RIVIÈRE

PRÉSIDENT DU COMITÉ

ALGER
IMPRIMERIE ORIENTALE PIERRE FONTANA ET Cᵒ,
29, Rue d'Orléans, 29.

1895

COMITÉ DE COLONISATION
D'ALGER

MADAGASCAR

ET LA

COLONISATION

PAR

M. Ch. RIVIÈRE

PRÉSIDENT DU COMITÉ

ALGER
IMPRIMERIE ORIENTALE PIERRE FONTANA ET Cᵉ,
29, Rue d'Orléans, 29.

1895

MADAGASCAR

ET LA COLONISATION

Au moment où toute l'attention se porte sur la grande
île africaine, il convient de donner un aperçu de son
état économique par des renseignements et des chiffres
aussi précis que possible.

Il faut d'abord débarrasser la question de toutes ces
illusions si facilement engendrées par l'amour de l'in-
connu ou par cette végétation si séduisante en apparence
dans toutes ces contrées intertropicales.

Les agriculteurs qui se préoccupent de Madagascar y
verront quelles cultures nouvelles, si différentes des
nôtres, sont imposées par ce climat tout particulier,
mais surtout ceux d'entre nous qui, fatigués de la crise
actuelle sévissant momentanément en Algérie, tourne-
raient trop leurs regards sur ces régions autres, conclu-
ront peut-être avec notre Comité que pour arriver à un
résultat bien problématique, si loin de la Mère-Patrie, il
y a beaucoup d'imprévus et de réels obstacles à vaincre.

*
* *

Évidemment, Madagascar est un immense pays, à peu
près grand comme la France et l'Algérie tellienne réunies. Il peut se décrire ainsi :

Un grand plateau central, très fortement mouvementé, assez sain, ayant une altitude de 1,000 à 1,400 mètres, à peu près comme nos hauts-plateaux de l'Oranie.

Un littoral plus ou moins large, à luxuriante végétation, mais impropre à l'existence de la race blanche.

Vers le nord, le pays s'élève, constituant un important massif montagneux à l'extrémité duquel se trouve notre colonie de Diego-Suarez.

L'île est sillonnée par de nombreux fleuves dont là navigabilité est restreinte.

Le climat et la végétation nous intéressent tout spécialement au point de vue des ressources culturales du sol.

Après avoir beaucoup causé avec les explorateurs, assisté aux dernières conférences de Paris, examiné avec attention les vues photographiques et les projections, consulté les statistiques, je me permets d'arrêter quelques conclusions formulées dans un sens pratique et dans un ordre d'idées agricoles pouvant guider le futur immigrant dans ses décisions les plus contraires.

Le climat de la côte est malsain : la température y est élevée, l'humidité fort grande, et sur la côte Est, à Tamatave par exemple, la saison des pluies donne une tranche d'eau de plus de *trois* mètres d'épaisseur.

Le centre de l'île, plateaux et sommets, offrent de meilleures conditions hygiéniques. A Tananarive, située à 1,400 mètres d'altitude, le maximum de la température est dans les environs de 28° et les pluies varient en tranches de 1,000 à 1,200 millimètres.

Cependant les précipitations pluviales, qui jouent un si grand rôle dans la végétation, ne semblent pas bien réparties, même à ces altitudes, puisque certaines localités enregistrent seulement 360 millimètres, c'est-à-dire une couche d'eau à peu près égale à celle si insuffisante de nos steppes algériennes.

Les paysages que j'ai examinés et l'étude de la végétation démontrent bien que cette partie supérieure et centrale doit offrir, par son climat, des difficultés culturales qui n'ont aucun rapport avec nos pratiques ordinaires.

La saison des pluies y fait pousser une végétation herbacée des plus vigoureuses, herbes de 2 mètres de haut, dures, coriaces et coupantes.

L'hivernage fini, tout se dessèche, se détruit et les indigènes se débarrassent par le feu de cette agglomération de matières sèches : le sol reste nu et sans vie pendant de longs mois.

Quelques rares arbres, rappelant une mauvaise végétation du Soudan, se dressent çà et là, curieux par l'exiguïté de leur feuillage et appartenant au genre Baobab.

CONDITIONS ÉCONOMIQUES

EN GÉNÉRAL

Le pays, très accidenté et mouvementé à l'extrême sur divers points, n'offre donc aucune voie de communication facile. Tout s'y transporte à dos d'homme, à travers des montagnes abruptes, des rochers, des bas-fonds, des marécages, des forêts impénétrables, des savanes, sous un soleil toride et sous des déluges d'eau.

Sur la côte, l'indigène n'est pas travailleur ; dans l'intérieur, les ouvriers d'art se paient entre 0,50 et 1 franc.

Les manœuvres 0,30 et 0,40 pour les hommes et environ 0,25 pour les femmes.

A Tamatave, la vie est chère et sans confortable. Dans l'intérieur, à Tananarive par exemple, viandes, légumes et logements sont à bas prix ; par contre, le vin, le pain, les fruits et tout ce qui constitue la vie habituelle de l'Européen, tout cela est introuvable ou dispendieux.

Si l'on vit à la façon du pays, si l'on sait éternellement manger le riz et s'en contenter, l'existence matérielle est encore possible. Mais l'Européen résistera-t-il au climat avec un tel régime ?

PRODUITS DE L'AGRICULTURE

Les productions agricoles nécessitent une sommaire description car elles n'ont que des relations très éloignées avec nos récoltes et nos connaissances agronomiques de la France et de l'Algérie.

L'élevage du bœuf est actuellement la principale branche de la production : l'exportation est dirigée sur la Réunion et Maurice, qui reçoivent environ 12,000 têtes par an.

On estime la consommation du pays à environ 350 mille bœufs. Suivant une ancienne coutume on ne sépare pas toujours la peau de la viande, ce qui est une ressource d'une cinquantaine de mille cuirs perdue pour l'industrie. Le nombre des cuirs exportés est de 290.000.

Ce bœuf appartient à l'espèce à bosse, sorte de zébu à grandes cornes ; il est de petite taille et son poids varie entre 250 et 300 kilos ; on en retire environ 120 à 150 kilos de viande nette.

Il n'y a aucune indication précise sur l'acclimatement des races françaises en ce pays : des essais ont été tentés, mais ils ne sont pas concluants. Des croisements avec les races indigènes auraient donné de beaux produits.

Le prix des bœufs est très variable suivant les localités: à Tamatave, port d'embarquement, ils valent 50 francs, mais dans les régions qui n'exportent point, les prix sont inférieurs de moitié.

On pense, peut-être avec juste raison, que l'élevage du bœuf constituerait la principale ressource de l'île, à condition toutefois de trouver d'autres débouchés.

Le mouton est à grosse queue, comme celui de certaines parties de l'Algérie et de la Tunisie : il ne paraît pas bien réussir. Sa laine, de mauvaise nature, ressemble à du poil de chèvre. Sa viande est sèche et désagréable. Il vit dans les parties élevées, dans l'Imerina principalement. Sa peau a été exportée au nombre de 27.000 pièces en 1890.

On ne connaît pas encore les résultats d'introduction de nouvelles races.

Un mouton à Tananarive vaut de 3 fr. à 3 fr. 50.

La chèvre, en petit nombre, entre cependant dans l'alimentation des Sakalaves : la peau est exportée.

Le porc est abondant dans certaines localités de
L'Imerina : sa chair est de mauvaise qualité, molle,
huileuse et écœurante, néanmoins on en expédie à la
Réunion et à Maurice. Il vaut 30 francs à Tamatave.

Chevaux et mulets sont peu connus et ne paraissent
pas utilisables pour l'agriculture : leur existence facile
n'est même pas assurée sous ce climat.

Mais la volaille est abondante en poules, oies, dindons,
canards et surtout en pintades à l'état sauvage. A Tananarive, une poule engraissée vaut 0 fr. 70, un canard,
0 fr. 40, une oie grasse, 1 fr. 30, etc...

*
* *

Les productions végétales, et il convient de bien insis-
ter sur ce point, appartiennent principalement aux
cultures dites exotiques pour lesquelles l'Algérie n'a
aucune indication tant elles sont étrangères à nos tra-
ditions agronomiques. Elles demandent toutes une mise
de fonds assez considérable et des ressources pour
pouvoir en attendre les rendements pendant des années.

La canne à sucre entraîne avec elle toute une industrie
sucrière, grosse question toujours menacée par des
impôts nouveaux et par la concurrence de la betterave.

Le caféier exige plusieurs milliers de francs de frais
de premier établissement à l'hectare et au moins 5 ans
avant de constituer une plantation en rapport. Jusqu'à
ce jour, les insuccès économiques ont été nombreux car
la plante n'a pas prospéré partout.

De même pour le cacaoyer.

Le vanillier, le giroflier, le manioc, l'arachide, etc...
reucontrent la concurrence des contrées à climat de
même nature et situées sur des points plus économique-
ment exploitables.

Le riz reste encore la seule récolte à débouchés assurée par la consommation locale ; c'est une culture bien
connue des indigènes et à laquelle le colon européen
ne saurait participer tant ce grain est à un prix infime
et s'obtient dans les milieux réputés pour leur insalu-
brité.

Quant aux végétaux si connus de nous dans notre
agriculture algérienne ou française, ils paraissent ren-
contrer en ce pays des conditions culturales et de production économique assez douteuses.

Les indigènes, soit obstacle climatérique, n'ont jamais
compris la culture du blé : la farine est très rare.

La pomme de terre est très petite et semble toujours
en dégénérescence.

La vigne française se comporte fort mal : le cépage
américain pousse mieux mais son fruit est détestable.

Le chanvre n'est pas de bonne qualité, d'ailleurs la
matière fibreuse se rencontre dans beaucoup de végétaux indigènes, chez les bananiers, les agaves, les ana-
nas, etc.

Le coton lui-même n'est plus cultivé depuis que les
cotonnades anglaises et américaines pénètrent dans le
pays malgache.

PRODUITS NATURELS

Pour la récolte des produits naturels, entièrement exploités par les habitants, le français se trouvera dans un état d'infériorité manifeste : il lui faudra habiter des régions malsaines, marécages ou forêts, sans ressources et sans moyens faciles de communication.

Le caoutchouc, déjà vendu à bas prix par les indigènes, ne paraît pas devoir être pour l'immigrant une opération lucrative : il en est de même pour la récolte de la gomme copale. D'ailleurs, dans les bonnes années, la valeur du caoutchouc exporté ne dépasse pas 1.200.000 fr. et dans certaines périodes, elle varie entre trois et quatre cent mille francs. La gomme copale dont on parle tant ne produit annuellement qu'une cinquantaine de mille francs.

On a beaucoup exagéré le commerce de Madagascar, la richesse de ses productions naturelles et de leur exploitation, et, d'autre part, les besoins de sa consommation en articles étrangers.

Le mouvement total des affaires, importation et exportation réunies, est d'environ 10 millions.

Le commerce français dépasse de très peu les transactions anglaises : il atteint 2.300.000 fr.

Tamatave, sur la côte orientale, est le port le plus important : on lui attribue 6.500.000 fr. d'affaires.

Majunga, sur la côte occidentale a, actuellement, une importance stratégique. Son commerce est insignifiant car il reste aux environs de 500.000 francs.

*
.

Ce simple exposé démontrerait donc que la colonisation de Madagascar par l'agriculteur de nos pays ne serait pas, pour lui, exempte de difficultés. Sans chercher à entraver l'initiative privée et l'esprit d'aventure, il convenait cependant d'attirer l'attention de certains sur les milieux nouveaux et de formes économiques différentes que rencontrerait tout particulièrement un immigrant algérien.

Il faudrait oublier mœurs, habitudes, coutumes et pratiques agricoles. Le pain, le vin, les fruits manquent. Les animaux attelés font défaut. Nos cultures traditionnelles, blés et autres céréales sont inconnus. La viticulture sans avenir, etc.

Par contre, le climat promet le café, le cacao, le girofle, la canne à sucre, etc. Mais toutes ces plantations exigent une mise de fonds considérable, peu à la portée de l'immigrant. Puis, les débouchés manquent et ces productions autrefois particulièrement intéressantes sont maintenant bien communes à des contrées tout aussi favorisées mais mieux desservies par les routes commerciales du monde entier.

Il faudra des années avant de pouvoir déterminer le rôle économique de cette agriculture spéciale à Madagascar, pour laquelle les habitants de l'Algérie, producteurs des matières alimentaires propres aux usages français, ne sauraient avoir d'emblée des aptitudes bien marquées, ni une expérience qui ne pourrait s'acquérir

non sans peine même pour ceux, bien rares, qui auraient
des ressources exceptionnelles.

Les difficultés agricoles sont partout en ce moment
et l'Algérie, malgré sa crise agraire, est encore actuellement dans les pays les moins mal partagés.

Cʜ. Rɪᴠɪèʀᴇ.

Président du Comité.

*Cette étude, lue en séance du Comité de Colonisation, a été
approuvée à l'unanimité et son insertion a été décidée pour
être généralement diffusée en Algérie.*

Alger. — Imprimerie Orientale P. Fᴏɴᴛᴀɴᴀ et Cᵒ, rue d'Orléans, 29. — 5-93.

161

www.ingramcontent.com/pod-product-compliance
Lightning Source LLC
Chambersburg PA
CBHW061212050726
47594CB00008B/3643